평범한 사람이 세상을 바꾼다 7
나는 간디야!

펴낸날 초판 1쇄 2020년 3월 30일
지은이 브래드 멜처 | 그린이 크리스토퍼 엘리오풀로스 | 옮긴이 마술연필 | 펴낸이 신형건 | 펴낸곳 (주)푸른책들·임프린트 보물창고 | 등록 제321-2008-00155호
주소 서울특별시 서초구 양재천로7길 16 푸르니빌딩 (우)06754 | 전화 02-581-0334~5 | 팩스 02-582-0648
이메일 prooni@prooni.com | 홈페이지 www.prooni.com | 인스타그램 @proonibook | 블로그 blog.naver.com/proonibook
ISBN 978-89-6170-757-2 74990

ORDINARY PEOPLE CHANGE THE WORLD: I AM GANDHI by Brad Meltzer, illustrated by Christopher Eliopoulos
Text copyright ⓒ 2017 by Fourty-Four Steps, Inc.
Illustrations copyright ⓒ 2017 by Christopher Eliopoulos
All rights reserved.
This Korean edition was published by Prooni Books, Inc. in 2020 by arrangement with Fourty-Four Steps, Inc., and Chris Eliopoulos c/o Writers House LLC
through KCC(Korea Copyright Center Inc.), Seoul.
이 책은 (주)한국저작권센터(KCC)를 통한 저작권자와의 독점계약으로 (주)푸른책들에서 출간되었습니다.
저작권법에 의해 한국 내에서 보호를 받는 저작물이므로 무단전재와 복제를 금합니다.

＊잘못된 책은 구입한 곳에서 바꾸어 드립니다.
＊이 책 내용의 일부 또는 전부를 재사용하려면 반드시 저작권자와 (주)푸른책들 양측의 서면 동의를 얻어야 합니다.
＊이 도서의 국립중앙도서관 출판시도서목록(CIP)은 서지정보유통지원시스템 홈페이지(http://seoji.nl.go.kr)와
국가자료공동목록시스템(http://www.nl.go.kr/kolisnet)에서 이용하실 수 있습니다. (CIP제어번호:CIP2020004718)

＊보물창고는 (주)푸른책들의 유아·어린이·청소년 도서 전문 임프린트입니다.

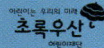 (주)푸른책들은 도서 판매 수익금의 일부를 초록우산 어린이재단에 기부하여
어린이들을 위한 사랑 나눔에 동참합니다.

평범한 사람이 세상을 바꾼다

나는 간디야!

브래드 멜처 글 | 엘리오풀로스 그림 | 마술연필 옮김

보물창고

요즘 사람들은 나보고 강인하다고 말하지.
두려움도 없고
불굴의 의지를 지녔다고.
늘 그랬던 건 아니야.
어린 시절, 인도에서 자랄 땐
나는 수줍음이 많은 아이였단다.
어둠도 두려워했고
뱀도 물론 무서워했거든.

내 어린 시절이 궁금하니?
나는 언제나 책을 끼고 살았단다.

야, 뱀이다.
구경 좀 할래?

으, 정말
보고 싶지
않아.

책을 끼고 살았음에도 불구하고, 난 우수한 학생은 아니었어.
나는 곱셈에 서툴렀거든.
또 하루는 내가 맞춤법 중 하나를 틀리자, 선생님은 다른 남자애의 시험지를 가리켰어.

나는 그렇게 하는 게 옳지 않다고 생각했어.
그건 제대로 배우는 방식이 아니니까.
선생님이 나를 꾸짖었을 때, 나는 신경 쓰지 않았단다.
내 인생에서 다른 사람 것을 베낀 적은 없었어.

그런데, 그대로 본뜰 만한 가치가 있는 이야기가 하나 있었어.
학교에서 읽은 샤라반 쿠마르라는 남자 이야기였지.
샤라반은 부모님을 지극정성으로 모셨는데, 부모님이 너무 늙으셔서 여행하기
힘들어지자 그야말로 등에 지고 다닐 정도였다고 해.

그건 내가 따라하고 싶은 본보기였단다.
도움이 필요한 사람들을 위해 헌신하는 사람 말이야.

우리 아버지는 좋은 직업을 갖고 계셨어.
정치 지도자셨으니까.
그런데, 직업을 아예 못 가진 사람들이 많았어.
그들은 너무나도 불쌍한 사람들이었단다.
비참한 대우를 받으며 최악의 일을 맡고 있었지.
심지어는 그들에게 적용되는 법률조차 달랐단다.

그 당시엔 막강한 힘을 가진 영국이 인도를 지배하고 있었어.
나는 아버지처럼 좋은 직업을 갖기 위해 영국 런던으로 갔고, 마침내 변호사가 되었지.
부유하고 영국인처럼 그럴싸해 보이려고 난 아주 잘 차려입었단다.

기차 승무원은 나에게 자리를 뜨라고 요구했지. 그러지 않으면, 경찰을 부르겠다고 말했어.
나는 그에게 대답했지. "그러세요. 어쨌든 저는 자발적으로 움직이길 거부합니다."

도대체 왜 당신이 속한 3등석으로 순순히 가지 않는 거야?

결국 경찰이 나를 기차 밖으로 밀어 내고는, 내 짐도 역 승강장으로 던져 버렸단다.

그 역은 몹시 춥고 어두웠어.
기차로 돌아가 3등석에 앉는 수밖에 별도리가 없었지.
하지만, 난 그대로 승강장에 밤새 머물렀어.
오들오들 떨면서.
그리고 나는 명상에 잠겼어. 그건 지그시 눈을 감고 자기 마음에 집중하는 일이지.

그 여정을 마치려면, 난 말이 끄는 마차로 갈아타야 했단다.
  그런데 그들은 또다시 내 피부색을 이유로, 나를 백인 승객과 함께 태워 주려 하지 않았어.

운전기사는 냅다 따귀를 때리더니 나를 억지로 끌어내리려고 했어.
  나는 결코 그와 맞붙어 싸우진 않았어. 하지만 밀려나기를 완강히 거부했지.

결국 그는 포기했단다.
  하지만 이를 통해 그 당시 인도인들이 어떤 대접을 받았는지 알 수 있지.
  그것을 바꾸려면, 내가 행동을 취해야 한다는 것을 깨달았어. 그래, 싸워야만 했지.
  고난을 겪을 수밖에 없다는 것을 뜻한다고 해도 말이야.

일주일 만에, 나는 남아프리카공화국에서 같은 처지에 놓인 인도인들을 위한 회의를 열었단다.
내 생애의 첫 대중 연설이었어.
나는 진상에 초점을 맞추었지.

연설이 끝난 후, 우리는 함께 토론을 했단다.
충분한 대화가 필요했거든.
듣는 것 또한 진정한 힘을 지니고 있었지.

얼마 뒤, 나는 남아프리카공화국에 머물기로 결심했고, 인도인들이 그 지역에서 더 활동적이 되도록 돕기 위해 〈나탈*인도인 회의〉를 구성했어.

*나탈: 남아프리카공화국 동부, 인도양 연안의 주

하지만 가장 중요한 일은 내가 **사티아그라하**를 고안해 낸 것이었지. 사티아그라하는 산스크리트어*로 '진실'을 뜻하는 **사티야**와 '강직함' 또는 '힘'을 뜻하는 **아그라하**를 결합한 낱말이란다.

*산스크리트어: 고대로부터 현재까지 인도의 공용어로, 아직도 학교에서 읽고 쓰는 법을 가르친다.

"날 따라해 보렴: 사-티-아-그-라-하."

"진정한 힘?"

"야, 꼭 슈퍼 히어로 팀 명칭처럼 들리는걸!"

"진정한 힘!"

정말로, 사티아그라하는 나의 진정한 힘이었어. 사티아그라하는 인도인에 대한 부당한 대우에 맞서 싸우는 방식이었지.

1) 비협조 또는 시민 불복종
   = 비폭력적인 방법으로 불공평한 법에 저항하기

2) 비폭력
   = 사랑을 품고 평화적인 방법으로 주장하기

3) 무소유
   = 꼭 필요한 것만 사용하며 소박한 삶을 살기

"간디가 옷을 수수하게 입은 이유와 통하는 말일까?"

"맞아, 그런 것 같아. 진정한 힘!"

내가 완벽했냐고? 아니야. 나는 종종 평온한 마음을 잃곤 했어. 하지만 그때 나는 자신을 변화시키고, 내가 될 수 있는 최고의 사람이 됨으로써, 비로소 투쟁하는 최선의 방법을 알아냈단다.

순식간에 나는 사티아그라하를 시험해 보게 되었어.
　인도인들이 정부에 등록하지 않으면, 남아프리카공화국에서 쫓겨나는 새로운 법이 통과되었거든.
　경찰이 언제든 우리를 길거리에서 멈춰 세우고, 또 우리들 집을 수색할 수도 있었어.

그 법을 어긴 죄로, 그들은 나를 두 달 동안 감옥에 가두었지.
인도인들이 특정 지역을 여행할 수 없다는 법을 어긴 죄로, 그들은 또다시 나를 가두었어.

간디는 다른 죄수들을 위해 요리를 하고, 스스로 나서서 화장실 청소도 했다네.

얼마나 역겨웠을까!

신념을 갖고 열심히 일하면 더 강한 사람이 되고, 더 행복한 사람이 된다.

내가 가장 좋아하는 작가의 책을 읽는 게 끝없이 배우는 데 도움이 됐어.

폭력 없이도 어떻게 나쁜 시스템을 바꿀 수 있는지.

그리고 몸은 비록 갇혀 있어도 마음은 자유롭다는 것.

무슨 의미인지 난 잘 모르겠어.

나의 메시지와 나의 생각들이 이 감옥의 벽보다 강하다는 뜻이지.

우리의 '평화 군대'가 성장하자, 우리의 힘도 커졌단다.
　남아프리카공화국 정부가 백인들보다 인도인들에게 더 많은 세금을 내게 하고, 탄광 광부들의 안전 개선을 거부했을 때, 우리는 파업으로 항의하기로 했어.

헨리 데이비드 소로가 가르쳐 준 대로였어.
　불공평한 규칙들에 저항하기 위해 폭력을 사용하는 대신에, 인도인들은 평화적인 방법을 사용했지. 아무도 탄광에 출근하지 않았어.
　노동자가 없다면, 석탄 회사들은 폐업할 수밖에 없을 테니까.
　이제 유일한 의문은 '과연 그것이 성공할 수 있을까?'였지.

인도에서 불공평한 영국법에 저항하기 위해, 우리는 또 다른 파업을 했어.
꼬박 하루 동안, 아무도 출근하지 않았단다.
인도의 모든 가게와 농장과 식당이 문을 닫았지.

너무 화가 난 영국은 수많은 인도인들이 새해를 축하하는 종교 행사에 군대를 보냈어.

10,000명이 넘는 사람들이 '잘리안왈라 바그'라고 불리는 장소에 평화롭게 모여 있었지.

인도인들을 잡아들여!

군인들은 군중을 공격했어.

모두가 내 편이 될 수는 없었단다.
　정부에 대항하는 나의 행동이 평화로움에도 불구하고, 영국인들은 나를 다시 감옥에 가두었지. 이번엔 6년형이었어.
　그들이 나를 잡아 감옥에 넣을 때 나는 미소를 지었지.

하지만 채 2년도 안 되어, 나는 감옥에서 병을 얻고 말았어.
정부는 만약 내게 무슨 일이 생기면 사람들이 격분할 것을 알고는 나를 석방했지.

난 내 임무로 바로 복귀했어. 영국 정부는 여전히 인도를 떠나려 하지 않았거든. 그들은 새로운 소금법을 통과시켰어. 인도인들은 스스로 소금을 만들거나 팔 수 없다는 법이었지. 우리는 영국인들로부터 소금을 사야만 했어.

이젠 우리 음식 맛을 제대로 낼 수가 없어!

우리는 독립을 해야만 해. 이 나라는 우리 것이지, 그들 것이 아니야.

나는 정부에 편지를 보내서, 법을 바꿀 마지막 기회라고 경고할 거야.

진정한 힘을 더 발휘할 때가 되었지?

우리가 어떻게 영국을 설득할 수 있을까? 1930년 3월 12일, 우리는 행진했어. 78명의 사람들이 나와 함께 바다 쪽으로 나아갔지.

나는 60세였고, 400킬로미터 가까이 걸었단다.
거의 한 달 동안 날마다 15킬로미터씩 걸었어.

우리가 앞으로 더 나아갈수록, 점점 더 많은 사람들이 합류했지.
사람들은 먼지를 가라앉히기 위해 길에 물을 뿌렸어.
또한 꽃과 나뭇잎을 던져서 걷는 것을 더 쉽게 했단다.

군중은 곧 수천 명으로 불어나, 그 행렬이 3킬로미터 뒤까지 이어졌어.
전 세계 기자들이 우리 일을 보도했지.

하지만 바로 그 행동, 영국 정부로부터 구매하지 않은 소금을 보유한 행동으로, 영국에 반격을 한 거야. 법을 어긴 것이지.
　전 세계가 지켜보는 가운데 말이야.

곧 나는 또다시 체포되었어.
　하지만 며칠 지나는 동안, 수천 명의 인도인들이 같은 법을 어겨 주었단다.
　단지 몇 줌의 소금이 우리 국민들을 뭉치게 했고, 영국이 우리를 얼마나 형편없이 대하는지 전 세계가 깨닫게 했지.
　그로부터 또 여러 해가 걸렸지만, 우리 인도는 독립 국가가 되는 길로 가고 있었어.

나는 안 먹어요.

절대로 안 먹을 거요.

전국의 모든 사람들이... 선생님이 무얼 하고 계시는지 들었어요.

이제 불가촉천민을 공평하게 대우하고, 그들을 신전으로 들여보내고 있어요.

그들이 나를 가둘 수는 있었지. 또 어둠 속으로 밀어 넣을 수도 있었어. 하지만 결단코 나를 패배시킬 수는 없었단다.

여러 해 동안 나는 많은 투쟁을 했어.
그런데 일부러 폭력을 피하며 싸운다면?
아무리 불리해도 상관하지 않고, 주먹을 들어 올리길 거부한다면?
어떤 사람들은 바보 같다고 말할 거야.
미쳤다고 할지도 모르지.
하지만 그게 진짜라면…

강인함은 몸의 크기에서 오는 것이 아니야.
그것은 마음의 크기에서 비롯된단다.
특히 불공평에 맞서고자 할 때는 사랑을 내보여야만 해.

"부드러운 방식으로, 우리는 세상을 뒤흔들 수 있다."
-간디

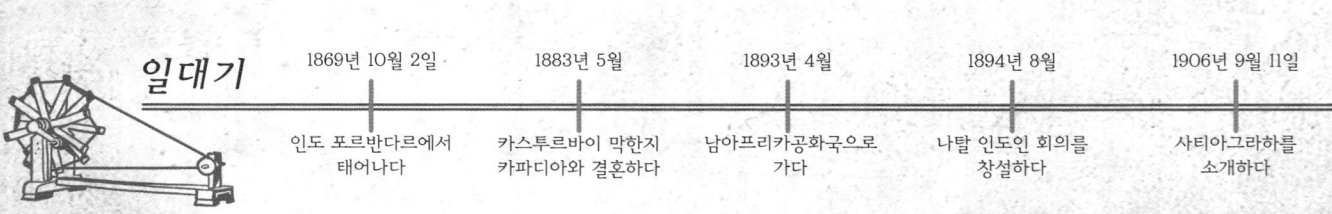

일대기

1869년 10월 2일	1883년 5월	1893년 4월	1894년 8월	1906년 9월 11일
인도 포르반다르에서 태어나다	카스투르바이 막한지 카파디아와 결혼하다	남아프리카공화국으로 가다	나탈 인도인 회의를 창설하다	사티아그라하를 소개하다

7세 때의 간디

물레를 돌리는 간디

소금 행진

현재의 인도 국기

1915년 1월	1919년 4월 13일	1930년 3월	1947년 8월 15일	1948년 1월 30일	2007년 10월 2일
인도로 돌아오다	잘리안왈라 바그 대학살	단디 소금 행진	인도가 영국으로부터 독립하다	인도 델리에서 78세의 나이로 죽임당하다	간디 탄생일을 '세계 비폭력의 날'로 기념하기 시작하다

그래픽 위인전 〈평범한 사람이 세상을 바꾼다〉 시리즈는 아주 평범한 사람이었지만 마침내 모두의 영웅이 된 인물들의 일생을 담은 책으로, 어린이들이 '나도 할 수 있다!'는 소중한 꿈을 품도록 해 줍니다.

❶ 나는 헬렌 켈러야!

헬렌 켈러는 아주 어렸을 때 병을 앓는 바람에 시력과 청력을 모두 잃고 말았어요. 하지만 헬렌은 포기하지 않고 인내심 많은 앤 설리번 선생님의 도움을 받아 사람들과 소통하는 방법을 배웠답니다. 헬렌은 시각 청각 장애인 최초로 대학을 졸업했고, 장애인들을 비롯해 부당한 일을 겪고 있는 사람들을 돕는 사회 운동가가 되었어요.

❷ 나는 제인 구달이야!

제인 구달은 어렸을 때부터 동물을 무척 좋아했어요. 제인이 어렸을 때 사람들은 여자는 과학자가 될 수 없을 거라고 생각했지요. 하지만 제인은 용감하게 아프리카로 가 집을 짓고 야생 침팬지를 연구했지요. 그 연구는 동물에 대한 사람들의 생각을 완전히 바꿔 놓았어요. 오늘날, 제인은 세계에서 제일 중요한 과학자이자 환경 운동가랍니다.

❸ 나는 마틴 루서 킹이야!

평범하고 장난기 많은 아이였던 마틴 루서 킹은 흑인에 대한 차별 때문에 마음에 큰 상처를 받았어요. 하지만 좌절하지 않고 인종 차별에 맞서 평화적으로 싸우기로 마음먹었답니다. 마틴은 차별받는 사람들의 힘을 한데 모으기 위해 자신이 가진 '힘 있는 말'로 사람들의 마음을 사로잡았고, 평화적인 시위와 행진을 이끌었어요. 그리고 마침내 세상을 바꿨지요.

❹ 나는 아인슈타인이야!

아인슈타인은 태어났을 때부터 머리가 너무 컸고, 오랫동안 말을 잘 못해 놀림을 당했으며, 성적이 아주 뛰어나지도 않았어요. 하지만 아인슈타인은 세상을 보는 자기만의 방식이 있었지요. 아인슈타인이 우주의 비밀을 풀 수 있었던 건 호기심 덕분이에요. 호기심을 품고 스스로 생각해 보는 것이야말로 아인슈타인이 세계 최고의 과학자가 된 비결이지요.

❺ 나는 로자 파크스야!

로자 파크스가 세상을 바꾸었을 때 그는 평범한 재봉사였어요. 로자는 '작은 거인'이라는 별명처럼 어렸을 때부터 몸집도 작고 자주 아팠지만, 옳지 않은 일에 당당히 맞서는 용기가 있었어요. 흑인인 로자가 버스에서 백인에게 자리를 양보하는 것을 거부했을 때, 이는 자신의 신념을 지키기 위한 작은 행동이었지만 세상에 엄청난 변화를 불러왔지요.

❻ 나는 닐 암스트롱이야!

산타클로스를 보고도 겁을 집어먹는 아이가 있었어요. 어느 날, 그 아이는 집 뒤의 커다란 나무에 오르다 그만 떨어지고 말았지요. 하지만 목표를 향해 한발 한발 내딛는 방법을 배우게 된 아이는 숱한 좌절을 겪으면서도 다시 도전하고 더욱 노력하여, 마침내 인류 최초로 달을 밟았어요. 그 뒤로 50년이 지난 지금까지도 우리 모두가 기억하는 그 위대한 이름은 바로 '닐 암스트롱'입니다.

❼ 나는 간디야!

간디는 스스로를 작고 깡마르며, 볼품없고 수줍음 많은 사람이었다고 말했어요. 하지만 결코 약한 사람은 아니었지요. 간디는 온갖 차별과 핍박 속에서도 평생 동안 침착하고 꾸준하게 비폭력 저항 운동을 펼쳤어요. 그리하여 인도를 위해 모든 것을 바꾸고 전 세계의 시민권 운동에 영감을 주어, 우리들 중 가장 작은 사람이 가장 강력할 수 있다는 것을 스스로 증명했답니다.

브래드 멜처

〈뉴욕 타임스〉 베스트셀러 작가인 브래드 멜처는 아빠로서 자신의 딸과 아들의 영웅이기도 합니다. 위인전 시리즈 〈평범한 사람이 세상을 바꾼다〉를 썼으며, 어른을 위한 소설도 많이 썼지요. 그뿐만 아니라, 텔레비전 역사 채널에서 여러 프로그램의 사회자로도 활동하고 있습니다. (참, 알고 있었나요? 이 위인전 시리즈에는 책마다 그림 속에 작가 브래드 멜처가 숨어 있다는 사실 말이죠.)

크리스토퍼 엘리오풀로스

마블 코믹스에서 그림을 그리기 시작한 엘리오풀로스는 수천 권의 만화책을 만드는 데 참여했습니다. 그리고 만화계에서 매우 권위 있는 '하비 상'을 받기도 했어요. 위인전 시리즈 〈평범한 사람이 세상을 바꾼다〉를 비롯하여 많은 어린이 책을 직접 쓰고 그렸습니다.

마술연필

어린이와 청소년을 위해 유익하고 감동적인 글을 쓰고 책을 펴내는 아동청소년문학 기획팀입니다. 호기심과 상상력이 풍부한 아동청소년문학 작가·번역가·편집자가 한데 모여, 지혜와 지식이 가득한 보물창고를 만들기 위해 애쓰고 있습니다. 다양한 책들을 꾸준히 펴내고 있으며, 그중 『우리 조상들은 얼마나 책을 좋아했을까?』는 초등학교 〈국어〉 교과서에, 『1학년 전래동화』는 교사용 지도서에 각각 실렸습니다. 지은 책으로 『어린이와 청소년을 위한 독도 백과사전』, 『우리 땅의 생명이 들려주는 이야기』, 엮은 책으로 『자연에서 만난 시와 백과사전』, 『1학년 이솝우화』, 옮긴 책으로 『재미있는 내 얼굴』, 『화가 날 땐 어떡하지?』 등이 있습니다.